9 7 56
  b 124

LA RUSSIE

ET

L'ÉQUILIBRE EUROPÉEN

LA RUSSIE

ET

L'ÉQUILIBRE EUROPÉEN

PAR

UN HOMME D'ÉTAT

> What fates impose, that men must needs abide
> It boots not to resist both wind and tide.
> *King Edward*
>
> SHAKESPEARE.

---oOo---

PARIS
LEDOYEN, ÉDITEUR-LIBRAIRE,
PALAIS ROYAL, GALERIE D'ORLÉANS, 31.

1854

« Ces hommes d'État ont cru que la force valait mieux que la politique, que le courage était au-dessus de la sagesse ; ils ont cru qu'il était au-dessous d'eux de réfléchir avant de se décider pour les partis extrêmes, que la guerre était un plus noble moyen de conserver ses droits que les négociations. »

D'HAUTERIVE.
De l'État de la France à la fin de l'an VIII.

I

I

Même alors que l'on s'est habitué, pour observer les événements contemporains, à se placer en dehors des étroites préoccupations du jour, il faut un certain courage, pour faire halte au milieu du courant de la presse et de l'opinion, qui vous entraîne presque à votre insu; et après s'être convaincu que l'on fait fausse route, avertir ses compagnons du danger vers lequel on se précipite aveuglément.

C'est ce que nous éprouvons aujourd'hui, en faisant violence en quelque sorte à nous-même, pour nous arrêter au milieu de ce tourbillon qui aveugle même les plus clairvoyants. Confessons d'ailleurs que nous trouvons tout près de nous des exemples encourageants d'hommes, qui, eux aussi, n'ont pas craint, dans des moments d'entraînement général comme ceux où nous sommes, de s'arrêter courageusement, pour faire entendre des paroles de prudence, pour appeler sur les faits un jugement plus calme, et en faire admettre les conséquences logiques.

En examinant religieusement les pièces du procès qu'on appelle la question d'Orient, en dégageant cette question de toutes les chicanes dont ses innombrables avocats l'ont entourée; nous sommes arrivés à reconnaître, que l'Europe se trouve dans une position où tout est artificiel, factice; les alliances comme les inimitiés, les colères comme les sympathies, les dédains comme les respects.

Chose étrange, cette société française qui depuis 1848 est revenue de tant d'erreurs, de tant d'illusions, de tant de préjugés, elle a conservé la plus dangereuse des erreurs, la plus fatale des illusions, celle de ne pas vouloir reconnaître que ce qui est vrai et juste pour nous l'est aussi pour notre voisin; que les nations suivent dans leur développement une loi, dont elles ne doivent compte qu'à Dieu, loi dictée par la Providence elle-même, qui en confie l'exécution aux peuples, et qui subordonne à cette exécution les phases de leur histoire.

La France, l'Angleterre, la Russie, l'Allemagne, ont chacune leur rôle déterminé. Le premier devoir de l'homme d'Etat est de bien discerner ces divers rôles et de vouer loyalement son activité à la recherche des meilleurs moyens d'en concilier le jeu sur la scène de ce monde. Les complications les plus graves de la politique, les guerres les plus sanglantes ne sont dues qu'à l'ignorance ou à la faiblesse de la plupart des hommes d'Etat, ignorance et faiblesse qui font de la paix une chimère et entravent tout progrès, toute civilisation.

Malheureusement les hommes, et même les hommes d'Etat, cèdent à des passions qui les empêchent de voir clairement les choses ; et comme chacun rencontre chez autrui les mêmes passions qui l'aveuglent, il est rare qu'on tienne compte des faits et de leur logique ; et la politique se meut ordinairement autour d'accidents et d'incidents au lieu de s'occuper des faits et des situations, et d'admettre les vérités qui en découlent nécessairement.

Si, avant de s'occuper de la question

d'Orient, on s'était efforcé de préciser le rôle des grands peuples de l'Europe, cette question aurait pris un tout autre aspect, son aspect réel, et au lieu de s'éloigner aventureusement de sa solution comme on le fait aujourd'hui, on s'en serait rapproché, ce qui eût été d'autant plus raisonnable qu'on sera forcé de revenir au point dont on s'écarte, — pourquoi ne pas le dire, — si légèrement.

Quand l'étude impartiale de l'histoire nous conduit à reconnaître que tout ce qui se passe en ce moment sur le Danube n'est pas l'effet d'un vain caprice, d'un fol entêtement, mais la suite fatale des nécessités que son rôle impose à la Russie, on voit avec peine les raisonnements légers ou téméraires de la presse politique se mêler à la satire et aux invectives de la petite presse du jour, comme si « *un couplet qu'on s'en va chantant,* » pouvait changer les décrets de la Providence!

II

II

L'intervention de la Russie dans les affaires de l'Europe est d'une date relativement récente. Cette puissance ne figure pas dans le traité de paix de Westphalie, dont elle était appelée à bouleverser bientôt toutes les combinaisons.

A peu près inconnue à l'Europe, à l'époque de cette paix, nous voyons la Russie cinquante ans plus tard se révéler, sous l'impulsion d'un grand génie, comme un empire qui devait exercer une influence considérable sur les destinées de l'Europe et du monde.

A dater du règne de Pierre-le-Grand, la Russie intervient activement dans les affaires des pays auxquels elle a emprunté sa civilisation *occidentale*, et elle continue ce rôle jusqu'à la Restauration.

Depuis lors elle paraît reporter ses vues ailleurs, comme le prouvent les projets politiques que la Révolution de 1830 a empêché la Restauration de réaliser de concert avec elle.

Il nous paraît évident aujourd'hui que la Russie, comprenant son véritable rôle, est disposée à ne plus intervenir dans les affaires de l'Occident, à moins qu'elle n'y soit violemment entraînée comme elle l'a été dans la guerre de Hongrie. Ce qui ne veut pas dire qu'elle ne se croira pas appelée à menacer du contrepoids de ses éléments conservateurs, l'esprit révolutionnaire, à chaque fois qu'il mettra en danger les sociétés de la vieille Europe.

III

III

A dater du rétablissement de l'empire en France, la Russie a dû porter plus que jamais ses regards vers l'Asie.

Le triomphe de l'ordre, au 2 décembre, a dû lui prouver que les éléments conservateurs ne faisaient pas autant défaut qu'on avait pu le craindre, à ce pays de l'Europe dont la révolution a changé la face des sociétés modernes.

Cédant à ce besoin d'expansion inhérent aux grands peuples, qui dans la main de Dieu est subordonné à la marche providentielle de l'humanité ; cédant à ce besoin d'expansion qui a rendu l'empire romain tributaire des peuples germains, qui a tant de fois conduit les Allemands et les Français dans les plaines de l'Italie, qui a mis les Indes aux pieds de l'Angleterre, qui pousse aujourd'hui l'Amérique vers des destinées mystérieuses, la Russie entrevoit que c'est vers l'Asie qu'elle doit tourner ses aspirations, vers l'Asie où elle est appelée par la Providence à porter le christianisme et la civilisation, car nous ne pouvons nous arrêter aux inculpations de barbarie qu'on se plaît à prodiguer à un peuple dont les progrès réels sont appelés à rendre en Asie des services incalculables à la civilisation universelle.

IV

IV

En jetant les yeux sur la carte du monde, nous voyons deux peuples s'avancer vers la conquête de l'Asie : au nord, les Russes; au midi, les Anglais. Le sort de l'Afghanistan d'un côté, celui de la Géorgie et de l'Erivan de l'autre, nous montrent le terrain sur lequel les deux peuples finiront par se rencontrer. La France, elle n'est pour rien dans cette vaste migration de peuples civilisés subjuguant la barbarie asiatique, comme cette dernière dans l'antiquité avait subjugué la civilisation romaine.

La France n'est pour rien dans cet immense mouvement. Nous ne la rencontrons en Asie qu'à titre de protectrice du catholicisme sur la côte de Syrie, à Jérusalem, à Damas, à Beyrouth. Il est vrai que l'Allemagne ne prend part en rien non plus à ce qui se passe en Asie; si on excepte la fondation d'un évêché protestant par la Prusse à Jérusalem, et l'appui que prêtent les vaisseaux à vapeur du Lloyd autrichien au transport de l'*o verlandmail* vers les Indes.

La France ne songe sûrement pas à intervenir dans ce développement des influences russe et anglaise en Asie; elle n'y songe point, parce qu'elle comprend que là n'est pas son rôle, et l'Algérie lui indique suffisamment vers quelles régions elle doit tourner ses regards, pour ne pas rester en arrière de ce développement prodigieux dont la Russie, l'Amérique et l'Angleterre lui donnent l'exemple.

La France cependant, comme porte-drapeau de la civilisation universelle, ne peut pas rester indifférente à ce qui se passera un jour en Asie.

Or, est-ce le progrès de la protestante Angleterre dans l'Inde qui a droit à ses sympathies ?

La conquête des peuples asiatiques sera essentiellement une conquête religieuse, et dès lors on comprend quel abîme sépare le protestantisme, en d'autres termes, la discussion et le doute, de la foi absolue qui est le caractère des religions de l'Asie, mais en même temps aussi celui de l'église grecque.

L'Angleterre ne pourra, grâce à son protestantisme, jamais faire progresser le christianisme, précurseur nécessaire de toute civilisation. Elle le comprend si bien qu'elle renonce tacitement à la conversion des peuples soumis à sa domination, et qu'elle se contente de les exploiter.

On nous dira que la France, elle non plus, ne cherche pas à convertir à la foi de ses pères les sectateurs de Mahomet devenus ses sujets. Mais la France, elle, espère ramener les arabes au christianisme par la force de l'exemple, par la pratique des vertus chrétiennes ; tandis que l'Angleterre professe pour la conversion des Hindous au christianisme la plus profonde indifférence.

C'est ce que ne ferait pas la Russie, dont le premier soin serait de travailler à la conquête religieuse de l'Asie, et nul doute que l'église grecque ne réussît à y faire faire au christianisme de vastes progrès (1). Le rite impo-

---

(1) Le titre de *croyant* (*orthodoxe*), assumé par le czar, et qui a donné lieu à d'ignobles plaisanteries, n'est ni vain, ni ambitieux, ni hypocrite.

sant de l'église chrétienne-grecque ne pourrait manquer de frapper vivement des peuples dont l'imagination n'éprouverait rien au contact du froid glacial et de l'empois ridicule du protestantisme.

Comme chrétiens catholiques nous devrions donc vouer nos sympathies à la civilisation de l'Asie par l'église grecque ; nous verrons bientôt de quel côté est notre intérêt dans cette question, envisagée sous le rapport politique.

V

V

Et d'abord, la Russie a un autre avantage sur l'Angleterre, dans son rôle de civilisateur de l'Asie. L'organisation patriarcale de la Russie est évidemment plus en harmonie avec les anciennes traditions asiatiques, que l'organisation féodale de l'Angleterre, sur laquelle on a enté le compromis des libertés modernes.

Qu'on nous permette, à ce sujet, d'intercaler ici la traduction de quelques passages d'une brochure à laquelle la presse française n'a pas accordé toute l'attention qu'elle méritait, et qui, quoique écrite dans d'autres circonstances, n'en éclaire pas moins singulièrement la question qui nous préoccupe.

Un employé du cabinet de Berlin, le docteur Frantz, écrivait il y a environ un an et demi, et, à ce qu'on assure, sous l'inspiration de M. Manteuffel, un travail intitulé : *Du Malaise des États* (1), où nous lisons ce qui suit :

« Les États de l'Europe occidentale, c'est-à-dire des peuples d'origine germaine ou romane, sont malades parce que le principe qui présida primitivement à leur organisation ne les gou-

---

(1) *Die Staats Krankheit*. Berlin, 1852, avec cette épigraphe :

Es ist nicht Alles, wie es sein soll
Etwas ist faul im staate Dänemarks.

verne plus, parce qu'ils sont dirigés par d'autres principes qui s'excluent ou se contredisent mutuellement.

« L'évidence de cette thèse se révèle aussitôt par l'antithèse; car la maladie s'explique par la santé. Or, à côté des États malades de l'Europe occidentale, nous voyons figurer comme États sains et vigoureux : l'Amérique du Nord, la Russie, et sous certains rapports, l'Angleterre.

« La santé de ces États résulte de ce que le principe d'où ils sont sortis les régit encore, en détermine complétement l'organisation. L'Amérique du Nord doit son origine à une association de colons, et, jusqu'à ce jour, son organisation politique nous présente le spectacle d'une association libre d'individus essentiellement indépendants. La plus parfaite harmonie règne dans l'ensemble de cette société.

« D'autre part, la Russie est organisée d'après des formes patriarcales qui dominent de haut en bas son édifice social, et qui servent de lien entre l'empereur et le serf de la glèbe. Conformément à ces idées patriarcales, le paysan russe n'hésite pas à appeler l'empereur « son cher père », ou à le désigner par son simple nom, en y ajoutant le patronymique, comme : Nicolas fils de Paul (Nicolas Paulowitsch). Les formes sociales et politiques de la Russie correspondent à ces idées, et elles s'harmonisent avec le degré de civilisation du peuple russe. C'est pourquoi la Russie est un État sain, vigoureux ; il n'y existe rien de discordant, rien qui trouble l'harmonie générale.

« Et pourquoi n'en est-il pas de même des États de l'Europe occidentale, pourquoi ces États sont-ils malades ? Ou bien encore, et cela revient au même, pourquoi ces États ne révèlent-ils aucune harmonie dans leur organisation ?

« La réponse est facile du moment que nous nous rendons compte du principe d'où ces États sont sortis, et qui n'est autre que celui de la féodalité. Cette origine leur est commune, et les distingue essentiellement de la Russie, qui n'a pas pris son origine dans la féodalité, qui n'a jamais connu nos formes moyen-âge, mais qui se base sur des principes patriarcaux, différents essentiellement de ceux de la féodalité.

« Issue primitivement d'une société guerrière, visant essentiellement à un but de domination seigneuriale, le monde germano-roman s'organisa d'après un système d'États ou de classes superposés.

« C'était une construction pyramidale dans laquelle la couche inférieure, portant le poids de l'ensemble, se trouvait anéantie dans la servitude, tandis que les couches moyennes et supérieures s'élevaient vers la liberté par divers degrés de sujétion et de domination, vers cette liberté qui découlait du sommet, et n'arrivait naturellement qu'en gouttes presque imperceptibles à la base. Chaque membre était soumis à un autre, et ce qu'il possédait de droits et de libertés lui était octroyé d'en haut. Chaque supérieur était pour son inférieur, une *autorité*, et l'ensemble formait un système incarné d'autorité.

« Dans une société constituée de la sorte, il était de nécessité première, qu'au sommet se trouvât le pape, puis l'empereur, les rois et les souverains. Une société semblable n'eût pu se concevoir différemment. Les princes souverains possédaient dans leurs vassaux des organes et des appuis de leur puissance, et dans le principe de dépendance qui embrassait toute l'échelle sociale, une base inébranlable d'autorité. De cette façon, le tout se trouvait dans la meilleure harmonie.

« Mais cette constitution sociale hiérarchique, s'est dissoute dans le courant des derniers siècles, et cela de telle façon que les pouvoirs intermédiaires ont été absorbés par le pouvoir royal ou souverain. La royauté y gagna une force extraordinaire, elle devint en quelque sorte absolue, mais à mesure que l'absolutisme gagnait du terrain, il perdait ses anciens appuis politiques et moraux. L'organisation hiérarchique étant dissoute, le principe d'autorité perdait sa véritable signification. Nous trouvons donc, comme résultat de ce changement, un pouvoir politique, lequel a perdu ses bases fondamentales et primitives; un pouvoir politique qui prétend à l'autorité, tandis que l'on ne trouve plus la moindre trace d'autorité dans les sociétés modernes.

« Sur quoi se base-t-il donc, ce pouvoir politique ?

« Il semble flotter dans les airs, et parce qu'on le sent, on s'efforce de l'affermir par des

Chambres constitutionnelles ou des États restaurés, par la force militaire, ou par des associations conservatrices. Ou bien encore on cherche pour le pouvoir temporel un appui dans l'Eglise, on essaie de lui donner une nouvelle force en répandant certaines idées dogmatiques ou en propageant des notions purement spéculatives.

« Et l'expérience a prouvé que tous ces efforts demeurent sans résultat. Depuis soixante ans, nous voyons les États chancelants, ou menaçant une prochaine ruine, et nous sommes loin d'entrevoir la fin de nos incertitudes.

« Tel est le spectacle que nous offrent les États romans et germains du Continent, tandis que l'Angleterre nous apparaît comparativement forte et saine, et qu'elle progresse continuellement dans son développement intérieur, aussi bien que dans sa puissance extérieure. D'où vient-il donc que l'Angleterre, comparée aux autres États de l'Europe, auxquels elle ressemble d'ailleurs sous tant de rapports, nous apparaît encore à l'état de santé ? Nul doute la raison en est que son organisation féodale s'est maintenue encore pour la plus grande partie, et qu'elle caractérise jusqu'à ce jour l'état politique de l'Angleterre. Cependant, il existe dans ce pays mille éléments qui s'attaquent à cette organisation, qui la minent de tous côtés et qui font dans les derniers temps de grands progrès. Déjà il n'est plus possible de leur résister, et bientôt peut-être ils atteindront leur but. C'est alors que l'Angleterre subira le grand mouvement révolutionnaire des autres États romans et germains, dont elle partagera la commune dissolution, comme elle a partagé leur commune origine.

« Cet état de choses ne pouvait échapper à Napoléon, qui était entré avec ses armées dans toutes les capitales du Continent, et qui connaissait à fond la situation politique de l'Europe. De son œil d'aigle il mesura aussitôt toute la portée de la situation. Il vit la dissolution intérieure des États de l'Europe; il les avait tous renversés, mais il rencontra dans la Russie une puissance qui lui imposa par ses fermes allures et par son organisation unitaire ; *il avait enfin tenté de fonder un système à lui,* et les puissances réunies de la vieille Europe l'avaient accablé. C'est alors qu'il prononça les paroles mémorables : « Dans cinquante ans l'Europe sera républicaine ou cosaque. »

VI

VII

Oui, Napoléon a dit cela, pénétré qu'il était de la désorganisation des états féodaux de l'occident, en présence de ce nouvel empire qui se dressait devant lui, tout puissant par une merveilleuse unité; mais alors qu'il prononçait ces paroles, dans un moment de découragement, où il doutait de la durée de ce système politique qu'il avait fondé, et qui devait devenir cependant pour l'Europe, la révélation de la seule organisation politique possible, après la chute de la féodalité ; alors qu'il prononçait ce mot, il ne pouvait pas prévoir que son système lui survivrait, et sous les Bourbons qui en vécurent, et sous le régime parlementaire qui prépara la restauration de sa dynastie et l'application plus suivie de ses principes (1).

C'est surtout à ce titre que nous sommes surpris de voir le publiciste allemand dont nous venons de nous occuper, ranger la France parmi les états malades, tandis que nous ne

---

(1) Au moment de corriger les épreuves de notre travail nous relisions le livre de M. Guizot sur la *Démocratie en France*, dans lequel nous lisons :

« Mirabeau, Barnave, *Napoléon*, Lafayette, morts dans leur lit ou sur l'échafaud, dans la patrie ou dans l'exil, à des jours très-éloignés et très-divers, sont tous morts avec un même sentiment, un sentiment profondément triste. *Ils ont cru leurs espérances déçues, leurs œuvres détruites.* Ils ont douté du succès de leur cause et de l'avenir, etc. »

Après cet exorde, M. Guizot arrive, quant à Napoléon, aux mêmes conclusions que les nôtres.

croyons pas devoir hésiter à la ranger parmi les états convalescents, et à le considérer comme celui dont la santé sera rétablie plus tôt que celle d'aucun autre état de l'Europe.

Le classement du docteur Frantz a, d'autre part, d'autant plus lieu de nous surprendre, que lui-même, dans un chapitre remarquable de son livre, consacré à l'examen des moyens de régénération des dynasties, reconnaît que le chef actuel de l'Etat en France remplit parfaitement les conditions dans lesquelles il croit que les princes doivent se trouver, pour rendre aux états germains et romans de l'Europe, cette santé qu'ils ont perdue.

Il dit :

« Les princes devraient donner l'impulsion aux peuples ; l'organe central du corps ne la donne-t-il pas à tous les membres aussi longtemps que le corps jouit de la santé ?

« Si l'on jette les yeux sur les soixante dernières années, et que l'on fasse abstraction de la Russie et de Napoléon, on découvre que depuis Frédéric II rien de grand ne s'est fait par un prince. Doit-on dès lors s'étonner de la décadence du principe monarchique, lorsque les monarques font défaut? Et comment les dynasties pourraient-elles se soutenir, sinon par le principe auquel elles doivent leur origine, c'est-à-dire par leur activité nationale, et par leur initiative?

« Nos idées ne peuvent paraître étranges qu'à ceux qui veulent l'anéantissement des dynasties, et qui travaillent à l'amener; c'est-à-dire les républicains, ou bien les bureaucrates qui ne voient dans le roi que le chef du bureau central; ou les constitutionnels, qui n'assignent au roi qu'un rôle de facteur dans le système des pouvoirs; où les réactionnaires qui ne peuvent pas se figurer un roi autrement que dans un costume moyen-âge, accordant du haut du trône des fiefs à ses vassaux accompagnés de priviléges et de franchises écrits sur parchemin.

« Il importe avant tout de bien se rendre compte des éléments de notre société moderne pour juger quels sont les moyens, quelles sont les formes, par lesquels les dynasties peuvent se mettre en rapport avec ces éléments et s'associer par leur initiative à l'action de la société, ce qui est indispensable, du moment qu'on veut établir un commerce vivace et de bon aloi entre le prince et le peuple. C'est précisément l'absence d'un pareil commerce qui est la cause la plus profonde du malaise des états. Si ce commerce existait, les questions de constitution et de réforme administrative se videraient aisément dans une entente raisonnable des parties, parce que ces questions se trouveraient complétement émoussées.

« Dès que l'on voit les princes vouer aux

rapports de notre société moderne un coup d'œil sûr et une volonté puissante d'action, le peuple ne redoute plus ni les arrière-pensées réactionnaires, ni les projets de restaurations romanesques ; on voit disparaître le constitutionalisme avec ses tendances ; le constitutionalisme qui n'a trouvé d'adhérents, que parce qu'on a cru y voir une garantie contre la réaction féodale. C'est là un fait évident.

« D'autres considèrent la constitution comme une digue contre le républicanisme, et ceux-là n'ont pas tout-à-fait tort. Mais les tendances républicaines elles-mêmes disparaîtront derechef, aussitôt qu'une communauté d'existence se sera de nouveau établie entre les dynasties et les peuples. Car à mesure que cette communauté prend racine, on voit disparaître en même temps les tendances réactionnaires et les tendances révolutionnaires, les partis perdent leur acrimonie, leur amertume. On arrive à la conviction, qu'après tout, le but de l'Etat n'est autre que d'assurer et de développer le bien-être du pays, et l'on reconnaît bientôt que sous ce rapport il n'existe pas de formes absolument nécessaires, que l'on peut pour y atteindre marcher par plusieurs voies, dont le choix doit être déterminé par la nature spéciale et les besoins particuliers des différents états. »

Passant de la théorie à la pratique, l'auteur tient compte de ce qui se passait en France à l'époque où il écrivait, et ses paroles ont été de tout point légitimées par les événements :

« L'exemple de la France pourrait servir d'enseignement aux princes, sous beaucoup de rapports.

« Ainsi nous demanderons ce qui rend si forte la position du prince-président, car elle l'est, il faut bien le reconnaître, même lorsqu'on ne la considère que comme provisoire.

« Si malgré les circonstances défavorables

— 54 —

où il se trouve placé, le président possède tant de force, il faut qu'il y ait dans sa position quelque chose de puissant qui paralyse toute réaction.

« Quel est donc cette cause dont l'effet nous frappe ?

« D'abord le prince-président base son système sur la véritable situation de la France, tandis que ses adversaires les légitimistes, les orléanistes, les républicains, n'ont ni le sens ni le coup d'œil requis pour l'appréciation de la situation réelle; ils n'agissent tous ensemble que d'après des doctrines; doctrines de romantiques, doctrines de philistins, doctrines de métaphysiciens politiques. C'est pourquoi le prince-président leur est supérieur à tous.

« Ajoutons à cela qu'il agit en personne comme le veut le peuple (1), car le peuple ré-

(1) Le docteur Frantz dit ailleurs dans sa brochure, et à notre sens avec beaucoup de raison :
« Quelle est la forme populaire du pouvoir ? Le gouverne-

clame un chef dont l'activité, dont l'initiative lui serve de point de départ; il ne tolère pas d'être gouverné par un bonnet de nuit, ce bonnet fût-il orné des galons du droit divin.

« Ajoutons encore que le prince-président s'occupe tout particulièrement des besoins de la société, et qu'il voue son attention personnelle aux questions qui s'y rapportent. Qu'il s'y entende peu ou beaucoup, c'est déjà quelque chose, et le principal est qu'on croit qu'il agira; et lui-même montre la ferme volonté de le faire ; tandis qu'il est notoire que les chefs des anciens partis n'ont le sens de rien, ne s'intéressent à rien, qu'aux phrases et aux intrigues. Voilà de quoi le peuple est fatigué. Le peuple veut un chef qui s'occupe de ses intérêts, et il

---

ment personnel. Et cela est vrai, même pour les républiques, témoin les États-Unis, où on ne choisit pas pour gouverner des individus qui s'abritent derrière leurs bons amis, mais des hommes qui paient de leur personne. »

passe beaucoup de choses à cet homme parce qu'il sait qu'il a une volonté. »

Ainsi, de l'aveu même du publiciste allemand, la France est en voie de guérison, grâce à l'initiative de l'homme que la Providence a fait surgir du chaos où les partis avaient plongé ce beau pays, et il est visible que le peuple se soumet avec docilité aux sages prescriptions de son habile médecin.

VII

VII

S'il est une chose qui a lieu de surprendre, lorsqu'on examine le rôle de la France du point de vue de cette amélioration notable qu'elle a subie, c'est son attitude dans la question d'Orient.

Nous la voyons, de concert avec l'Angleterre, prendre parti contre une puissance qui présente avec elle, à son état actuel, une grande similitude.

Nous l'avons vu, la Russie n'ayant jamais connu l'organisation féodale, joue depuis Pierre-le-Grand le rôle qui s'est révélé à Napoléon debout sur les débris du moyen-âge dont la Révolution française avait jonché le sol de l'Europe.

Le peuple russe, en effet, s'épanouissant tous les jours davantage au soleil de la civilisation, sous la conduite de maîtres auxquels le *mediocribus esse* n'est pas permis, s'avance avec un rare instinct de ses destinées vers l'accomplissement des projets que la Providence semble avoir sur lui.

La France revenant à cette sage discipline que le génie de l'Empereur avait imposée aux principes qui avaient déterminé la chute de la féodalité, la France, elle aussi, paraît disposée à suivre avec la conscience de ce qu'elle fait, le chef que la Providence lui a donné, et dans lequel et par lequel s'est révélé avec une force nouvelle, tout ce que l'œuvre du grand Napoléon renfermait de salut, de force et d'avenir pour les sociétés modernes.

Dans ces dispositions de la France, ne serait-il pas plus simple, plus naturel et plus logique de rechercher pour alliée cette nation pleine de santé et de vigueur, à laquelle l'avenir paraît réserver un si beau rôle !

A l'occident la France, au nord et à l'orient la Russie serviraient de point d'appui à cette vieille Europe féodale qui chancelle et qui menace d'entraîner la société sous ses ruines.

Ce n'est pas son histoire seulement qui devrait éloigner la France de l'Angleterre ; c'est la lèpre dont cette dernière est couverte, qui devrait nous inspirer de la répulsion, car nous périrons de sa contagion. L'Angleterre est semblable à cette femme empoisonnée au contact de laquelle on espérait voir succomber Alexandre-le-Grand.

N'oublions pas que ce n'est pas avec la vieille, mais bien avec la soi-disante jeune Angleterre que nous avons conclu un pacte, où nous sommes seuls de bonne foi. Or cette hypocrite jeune Angleterre des Palmerston, après laquelle viendront les chartistes, les *physical-force men*, quel est son rôle sur le continent?

La France, rendue à la santé, à la vie, pourrait-elle, je ne dirai pas s'associer au rôle de cette Angleterre là, mais seulement le tolérer?

Et si elle ne le peut pas, pourquoi se rendre solidaire d'une démarche où l'intérêt de l'Angleterre est seul en jeu?

Nous le savons bien, c'est au cri de *Bysance!* que s'est opéré l'étrange rapprochement dont nous sommes témoins. Nous viendrons bientôt à examiner le sens de ce cri, et si nous avons intérêt à le pousser en unisson avec « nos amis les ennemis. »

VIII

VIII

Dans un ouvrage remarquable, sur l'*Etat de la France à la fin de l'an VIII* (1800), nous lisons ce qui suit :

« Le moyen de changer et d'améliorer la nature des rapports entre la France et la Russie, de faire disparaître jusqu'aux motifs,

---

(1) In-8, Paris, chez Heinrics, rue de la Loi. Brumaire an IX.

jusqu'aux occasions de mésintelligence, est extrêmement simple, et la France n'y mettra certainement ni susceptibilité ni exigence : tout ce qu'elle désire est dans l'intérêt de la Russie autant que dans le sien.

« Que la Russie soit bien convaincue que les véritables sources de sa prospérité et de sa puissance sont dans son sein ; qu'elle ne laisse pas à des facteurs étrangers les soins et les profits de la culture de ses moyens de richesse ; qu'elle exporte elle-même ses produits et importe les objets de ses besoins ; qu'elle multiplie ses produits, qu'elle accroisse sa population : plus elle sera riche et puissante, moins elle sera tentée de se mêler sans intérêt pour elle aux vues d'un allié avide. Qu'elle acquitte envers les Etats de l'Europe la dette de sa récente civilisation, et qu'après avoir imité l'exemple de leurs arts, elle leur donne celui de la sagesse, de la modération, de la justice ;

qu'elle sente la nécessité de fonder le droit public en Europe, non sur des débris dispersés, non sur des regrets et des hypothèses, mais sur les faits, sur les circonstances, sur les forces réelles et relatives des Etats en les prenant tels qu'ils existent. Ces données sont le seul droit sur lequel il soit possible de statuer ; tout le reste est extravagance et injustice.

« Alors l'empire russe aura un grand et beau système fédératif, un juste et redoutable système de guerre ; il ne verra pas la France avec des yeux d'inimitié ; il maintiendra l'équilibre du Nord pendant que la France garantira celui du Midi, et leur accord assurera celui de l'univers entier. La gloire enfin du gouvernement russe sera de ne s'être mêlé aux dernières querelles de l'Europe que pour en mieux connaître la folie, pour s'en retirer à temps, pour y mettre un terme, et de s'être placé, moins d'un siècle après la civilisation de son empire, au premier rang des fondateurs du droit public, des bienfaiteurs de l'humanité et des pacificateurs du monde. »

Ces vœux que nous croyons pouvoir avec quelque raison attribuer à Bonaparte alors consul, ces vœux ont été presque tous réalisés par la Russie, et le bon accord entre elle et la France est plus possible et surtout plus désirable que jamais.

Ecoutons encore M. Emile de Girardin, dans un article sur l'*Isolement de la France* publié le 8 octobre 1844.

« Entre nous et la Russie, dit cet écrivain, s'il n'y a pas communauté d'efforts, s'il y a éloignement, il n'en faut point chercher la cause dans un antagonisme d'intérêts entre les deux empires, antagonisme qui n'existe pas, loin de là ! Il faut la chercher dans les sentiments personnels des deux souverains l'un à l'égard de l'autre ; un cabinet habile, nous le croyons, s'il l'eût voulu fermement, fût parvenu, sans de très-grandes difficultés, à changer la nature de ces sentiments; mais, depuis 1830, quel cabinet l'a seulement essayé, quel cabinet a laissé entrevoir à la Russie le désir de reprendre les négociations de 1828, et de s'entendre avec elle sur la question d'Orient et des traités de 1815, sur le remaniement pacifique de l'Europe, en respectant tous les droits légitimes, en faisant à toutes les nationalités leur équitable part? — Aucun, il n'en faut pas même excepter le ministère du 15 avril, auquel on a souvent prêté, à tort, une politique qui était la nôtre, mais qui n'était pas la sienne. Il n'y a malheureusement pas lieu d'espérer qu'un désaccord déplorable qui sacrifie à des préventions fâcheuses, qui pour être réciproques n'en sont pas plus fondées, les intérêts de deux grands pays et ceux de l'Europe, ait une fin prochaine, car l'homme d'Etat qui entreprendra de réconcilier les deux souverains et d'unir les deux peuples, est encore à naître, en France, au monde politique. Cependant, l'alliance de la France et de la Russie était incontestablement la seule qui pût accomplir pacifiquement de grandes choses! Le roi Louis-Philippe l'avait bien compris lorsqu'il s'empressait d'écrire à l'empereur Nicolas le 19 août 1830 : « *La France aime à voir dans la Russie son allié le plus puissant.* » Si cette alliance est indéfiniment ajournée, c'est moins à la révolution de juillet en elle-même qui a mis une dynastie sur le trône à la place d'une autre, qu'il faut s'en prendre, qu'à l'insurrection de la Pologne, à M. de Talleyrand et à ses disciples, aux idées fausses et aux discours violents des chefs de l'opposition, dont la foi en l'alliance anglaise était si aveugle pendant les premières années qui suivirent celle de 1830; qu'ils eussent certainement demandé la mise en accusation du ministère qui n'aurait pas partagé leur confiance. »

IX

IX.

On le voit, nous ne sommes ni le premier ni le seul à désirer une entente cordiale qui assurerait la paix du monde, et rendrait à la cause de la civilisation et à celle du christianisme, en Asie, des services incalculables.

Cependant, tout en reconnaissant que l'empereur de Russie s'est abstenu de toute intervention directe dans les affaires d'Occident, depuis 1830, ce n'est pas seulement au titre de la propagation de la foi en Asie, que les projets politiques de la Russie nous paraissent dignes de nos sympathies; tous les hommes sérieux de l'Occident ont un motif bien plus grave encore de tourner les yeux vers Saint-Pétersbourg, et ce motif, c'est l'anarchie religieuse et sociale qui mine l'Allemagne.

Nous avons sous les yeux une œuvre remplie à cet égard des plus tristes révélations, c'est L'ALLEMAGNE ET LES ALLEMANDS (1), par *Hermann Ewerbeck* (2), l'œuvre d'un énergumène, il est vrai, mais qui n'en offre pas moins un miroir fidèle de l'Allemagne telle que les Hégéliens travaillent à la former.

---

(1) Paris, 1851, Garnier frères, Palais-National.

(2) Auteur de *Qu'est-ce que la Religion, d'après la nouvelle philosophie allemande ?*
Et de *Qu'est-ce que la Bible, d'après la philosophie allemande ?*

Cet abominable ouvrage, dont une presse française s'est souillée, nous montre en Allemagne, l'athéisme qu'il prêche comme faisant des progrès incessant. Si M. Ewerbeck admire (p. 546) Gœthe et Schiller, c'est parce que dans leurs écrits ils relèvent contre (1) le mauvais côté du christianisme, le bon côté du paganisme. Digne et écrasante réponse, dit-il, à l'adresse de nos ennemis perpétuels, qui ne voient dans le christianisme que le bien, et qui ne trouvent au paganisme que le mal. Il va sans dire que le christianisme officiel n'existait plus pour Schiller et Gœthe. Quant à ce dernier, il a dit : *Il y a quatre choses au monde que je déteste également : le tabac, le son des cloches d'église, les punaises et le christianisme.* En revanche, il avait beaucoup de

---

(1) M. Ewerbeck, né à Dantzig, en Prusse, est néanmoins *citoyen français*, comme il l'assure au bas de la préface de son livre écrit en français.

sympathie pour le côté poétique du judaïsme, de l'islamisme et du paganisme grec.

(P. 549). A propos de Gaspard Hauser, notre auteur dit : « Que le professeur Daumer, philosophe distingué, et ennemi juré de toute religion révélée, s'occupa de son éducation. »

« Gotthold Ephraïm Lessing, que les *insipides croyants* de nos jours voudraient nous faire passer pour un croyant, à cause de certaines expressions un peu équivoques, a été au fond un des plus implacables ennemis des Eglises catholique, protestante, juive, mahométane. Il a travaillé toute sa vie avec un zèle admirable à ébranler leurs bases, seulement il était prudent, comme on le voit dans une lettre devenue célèbre, qu'il écrivit à son frère :
« Tu comprends mal ma conduite à l'égard de la
« vieille foi orthodoxe. Comment, tu ne sais
« pas encore que mon seul but est d'instruire
« les gens à penser raisonnablement sur les

« choses religieuses? Tu ne t'aperçois pas, ce
« semble, que ma manière diffère quelquefois
« de celle des autres. Vois-tu, c'est que je
« n'aime point à garder un temps indéterminé
« l'eau sale, dont certes on ne peut plus se ser-
« vir; mais je veux qu'on ne la verse pas avant
« de savoir où prendre une eau moins sale.
« Sais-tu ce qui arriverait? *La vieille ortho-*
« *doxie, c'est une eau sale; la théologie mo-*
« *derne, c'est pis encore, c'est une mare de fu-*
« *mier, et je veux qu'on ne soit pas forcé à bai-*
« *gner les enfants dans celle-ci, après avoir*
« *jeté l'eau sale, sans s'être procuré l'eau pro-*
« *pre* (1). »

(P. 561.) « Kant a le mérite immortel d'avoir ébranlé jusqu'au fond les idées fixes sur la Divinité. »

Arrivant à Hegel, notre auteur dit: « Que la

---

(1) Si Lessing vivait n'en dirait-il pas autant de la philosophie allemande moderne?

jeune école de ce philosophe se propagea avec rapidité, favorisée par le gouvernement prussien, qui s'était laissé tromper par le côté faible et en quelque sorte réactionnaire de Hegel. Nous allons voir quels fruits funestes son école a produits.

« Strauss attaque l'orthodoxie catholique et protestante à la fois. Dans la *Vie de Jésus*, il prouve qu'une grande partie des rapports évangéliques n'est qu'une fable, mais une fable inventée par l'imagination des chrétiens. Le résultat du livre de David Strauss est le coup le plus formidable, le mieux dirigé, et le plus impitoyable que l'Eglise chrétienne, soit catholique, soit protestante, ait jamais eu à subir. Cet ouvrage allemand, *qui a été dévoré par toutes les classes de l'Allemagne entière*, et qui est rédigé en plusieurs gros volumes avec une érudition admirable, a trouvé un traducteur français aussi savant qu'infatigable, dans la personne de M. Littré. Mais, *malheureusement, cette traduction a excité en France beaucoup moins d'enthousiasme ; et dans ce pays il n'y a point de femmes qui se soient donné la peine de le lire, tandis que beaucoup de dames et de demoiselles de la bourgeoisie allemande ont fait une lecture assidue de l'ouvrage de David Strauss. En outre, les démocrates allemands ont eu soin de propager les idées anti-cléricales et anti-despotiques de ce livre au milieu de la classe des travailleurs, à l'aide de petites éditions abrégées, compréhensibles pour tout le monde et à bon marché.* »

« Dans son ouvrage sur le *dogme chrétien*, David Strauss démontre la nécessité intérieure du dogme chrétien de se dissoudre peu à peu et de périr. *David Strauss conseille, du reste, à tout individu qui n'est pas encore mûr pour le culte de l'intelligence et de la vertu pure, de suivre la religion de l'Église!!* »

« Le philosophe bavarois, Louis Feuerbach, a développé avec érudition et éloquence les mêmes idées dans ses écrits de 1830; enfin, il publia en 1841 son admirable ouvrage *Essence du christianisme*, dans lequel il démontre que toute la science humaine ne peut franchir les limites de l'horizon humain, et que les dogmes de toutes les religions et les idées de toutes les métaphysiques dans l'antiquité, dans le moyen-âge et dans l'époque moderne, doivent nécessairement être interprétés *d'une manière humaine*; en agissant autrement, vous tomberez inévitablement soit dans les hallucinations, soit dans la fourberie; en d'autres termes plus précis encore, vous aurez alors à choisir entre *crétins* et *gredins*. Louis Feuerbach est encore dans la fleur de l'âge; universellement estimé! et père de famille; il vit dans une terre près Brouckberg, non loin d'Ansback, dans la Bavière septentrionale.

« Le caractère spécial, on le voit bien, de toute la jeune école des *néohégéliens* ou *klégeliens du progrès* était la critique, critique à mort, contre tous les préjugés religieux, moraux, artistiques, scientifiques, juridiques, administratifs, politiques et sociaux du parti réactionnaire de notre époque. Un des écrivains les plus illustres est Bruno Bauer, né à Berlin, ancien théologien-protestant et métaphysicien, plus tard l'HOMME DE LA CRITIQUE ATHÉE. Lui et son frère Edgar Bauer ont rédigé beaucoup d'écrits extrêmement remarquables, que le parti réactionnaire en Prusse N'A PAS EU TORT d'appeler *des haches de guillotine* et des *boîtes d'arsenic.* »

Ewerbeck nous raconte comment Arnold Ruge, « persécuté par les mesures insolentes et perfides du despotisme allemand, déclare enfin ouvertement dans un journal qu'il fonde, la guerre à la Sainte-Alliance ; et son rédacteur en chef, après la suppression de la feuille, se rend avec le docteur Charles Mary à Paris, où ils publient, en 1844, une revue allemande intitulée : *Annales allemandes françaises*. Cette publication, *dont il n'y a eu que deux livraisons*, avait pour but de réunir des articles en langue allemande et en langue française, *pour associer les efforts des démocrates des deux côtés du Rhin, et pour faire connaître aux Français les travaux humanitaires des progressites de l'Allemagne moderne.* En même temps toute la littérature moderne de la France révolutionnaire se propagea dans les traductions en Allemagne, et fut avidement avalée (*sic*) malgré toutes les rigueurs de la diète de Francfort. »

« A Paris, la propagande démocratique avait puissamment travaillé depuis les premières années de 1830 ; la police du réactionnaire Louis-Philippe *ne réussit pas à détruire la racine de la démocratie étrangère*, représentée à

Paris par les efforts combinés de Louis Boerne, de Jacques Venedey et des docteurs Schuster, alliés avec les chefs français, italiens et polonais. Au milieu de tracasseries indicibles, il se forma à Paris la société secrète allemande des *Proscrits;* mais bientôt elle se divisa en deux : la partie socialiste s'en sépara sous le titre de la société allemande des *Justes,* tandis que l'autre partie restait encore attachée aux principes bornés d'un patriotisme allemand purement politique et anti-socialiste.

« La société des *Justes* se composa presque exclusivement d'ouvriers allemands, suisses, et plus tard aussi de quelques ouvriers flamands, hongrois et scandinaves ; chaque membre devait posséder la langue allemande. Une correspondance allemande très régulière fut établie entre les frères allemands disséminés en France, en Suisse, en Angleterre, en Hollande, etc. *Les principes socialistes de la so-*

ciété des Justes étaient dès le commencement ceux du citoyen Cabet (1). »

Notre auteur vante beaucoup « un jeune ouvrier tailleur du nom de Weitling :

« Imbu des maximes du plus pur communisme, et éclairé soit par la conversation avec des chefs démocrates instruits, soit par ses propres recherches, il réussit à écrire le système des *garanties de l'harmonie et de la liberté*, qui a été traduit en français et en anglais. Réimprimé en Allemagne, il y fit une propagande immense, et la Sainte-Alliance avait beau faire des visites domiciliaires, visiter le bagage et les vêtements des voyageurs, confisquer tout exemplaire démocrate-socialiste, rayer impitoyablement toute phrase communiste dans les journaux : le communisme alle-

---

(1) Son *Voyage en Icarie*, a été traduit en allemand par l'auteur du présent livre, et imprimé à Paris quelques mois avant la Révolution de Février.

mand se développa irristiblement comme un grand arbre de moutarde, né d'un petit grain, pour parler avec la parabole de l'Évangile. *Avant la fin d'une année, la majorité des ouvriers en Allemagne discutaient partout, dans leurs promenades, dans les cabarets et dans les ateliers*, LES PRINCIPES ÉTERNELS DU DROIT AU TRAVAIL, *de l'association, des impôts, de la famille, de la justice distributive, etc.* »

X

X

Nous le demandons, en présence d'une pareille anarchie religieuse, morale et politique, serait-ce trop de l'accord de la Russie et de la France pour préserver l'Europe d'un danger qui menace de la replonger dans la barbarie ?

Et qu'on n'aille pas croire qu'en Allemagne il n'y ait que les démagogues à mettre à la raison ; les princes allemands méritent des avertissements sévères ; car leur conduite est cause, en grande partie, de l'état déplorable de la société allemande. Ce n'est sûrement pas l'Angleterre qui deviendra l'arbitre dans cette question. Il n'y a que deux puissances continentales comme la Russie et la France qui puissent dans cette occurrence opérer efficacement le bien.

Nous n'avons pas de conseils à donner au gouvernement français sur le danger manifeste qu'il court en laissant fraterniser la démagogie française avec l'allemande ; mais il est certain qu'elle a, pour ce qui concerne le salut de l'Europe, les mêmes intérêts que la Russie à arrêter la propagande athée de la philosophie allemande moderne, et à morigéner les mauvais gouvernements qui en favorisent le développement, faute de donner à leurs peuples une nourriture saine, un aliment convenable pour leur activité.

Qu'on y songe bien, les gouvernements allemands ont triomphé de la Révolution en 1830 et en 1848; mais il est fort à craindre qu'un nouveau mouvement — et que fait-on pour le prévenir? — ne devienne fatal aux trônes, comme à la société.

Il s'agit bien de Turcs, ma foi ; nous avons la barbarie non pas à notre porte, mais chez nous, au milieu de nous ; elle est là qui se propage tous les jours, — nous venons de l'entendre, — sous prétexte de philosophie, dans toutes les classes de la société. Nos villes brûlent, nos campagnes sont infestées d'une mortelle contagion, et c'est le sort de Bysance qui seul nous préoccupe !

XI

XI

Est-il bien raisonnable d'admettre que le sort de l'Empire turc nous touche de si près, le sort d'un empire qui ressemble à un cadavre oublié sur le champ de bataille des luttes entre la Croix Européenne et le Croissant Asiatique?

C'est au nom de Rome que l'on entend aujourd'hui plaider la cause de la Turquie contre la Russie *schismatique*, comme il est convenu de le dire.

Si nous laissons de côté la question purement théologique, nous ne voyons pas pourquoi le christianisme ne pourrait pas se propager dans l'Asie par Eglise grecque, aussi bien que par l'Eglise latine ?

On nous a peint comme une monstruosité cette organisation de l'Eglise grecque par Pierre-le-Grand, organisation au sommet de laquelle nous trouvons le czar lui-même ; mais Pierre-le-Grand n'est-il pas justifié dans ce qu'il a fait, lorsqu'on songe aux empiétements de Rome, qui ont provoqué chez nous la création et le maintien du gallicanisme et de ses garanties ? Ensuite, n'était-il pas sage, de la part du réformateur, de ne pas laisser subsister ces embarras, que l'omnipotence cléricale oppose aux progrès les plus impérieux ?

Qu'est-il advenu de l'Espagne, pour avoir

confié à Rome la clef de sa maison, tandis que l'Angleterre et la Hollande lui arrachaient pièce à pièce son manteau royal?

Richelieu a-t-il, pour conduire sa politique, demandé conseil à Rome?

Pierre-le-Grand a pensé qu'il devait s'affranchir de la tutelle des patriarches, et nous ne pensons pas que lui ou ses successeurs se soient trouvés mal de cette sage politique.

Nous croyons que la question du schisme doit rester complètement étrangère à ce débat, qu'il embrouille inutilement. Le côté religieux de la question d'Orient a d'ailleurs été placé sous son véritable jour dans une brochure dont nous avons à nous occuper.

XII

XI

La presse a parlé ces jours derniers d'une LETTRE SUR L'ÉTAT DE LA TURQUIE *et la crise actuelle* (1), publiée dans le courant de ce mois, et dans laquelle nous remarquons les passages suivants :

« On égare l'opinion publique toutes les fois que l'on veut appliquer à l'Orient des théories

(1) In-8, Paris, Borrani et Droz, novembre 1853.

fondées sur les principes du droit international européen. On ne fait et l'on ne peut faire en Orient que ce qui est en rapport avec l'état politique, religieux, administratif, commercial, géographique et historique de cet empire. On a pu apprécier par leur effet même la valeur de ses tentatives de réforme. Est-ce la misère et l'abrutissement des catholiques de cet empire qui y attire la sollicitude et les sacrifices de toute nature de la France en faveur de ses populations catholiques? Mais en Irlande il y a sans contredit plus de misère et plus d'abrutissement, et cependant il n'y a ni missionnaires, ni écoles, ni églises, protégés par la France ; ce n'est donc ni la misère ni l'abrutissement des Orientaux, c'est l'oppression musulmane seule qui explique et justifie les nobles efforts du gouvernement français, résultats de l'esprit chevaleresque de ses anciens rois, en faveur des catholiques opprimés dans l'Orient ;

aussi y renonce-t-on dès qu'un état chrétien remplace le gouvernement turc dans une partie de cet empire. *Mais, d'autre part, est-il généreux, pour ne pas dire seulement équitable, de livrer à la merci des Turcs, comme on prétend le faire, la foi religieuse de la grande majorité des populations chrétiennes de cet empire, par cela seul que ces populations, fidèles à la foi de leurs pères et à l'esprit d'indépendance de leur église nationale, n'ont jamais voulu se courber sous le sceptre du pape, à l'époque même de l'apogée de sa puissance, et lorsque tout l'occident s'habituait progressivement à voir dans l'évêque de Rome le vicaire du Christ et le dispensateur des royaumes de ce monde.*

« C'est là un point sur lequel je ne saurais trop insister, un point qu'on a totalement perdu de vue en occident, où l'opinion publique, au lieu de voir dans les démarches de la Russie en faveur de l'église d'Orient, ce qu'elles ont été en effet, c'est-à-dire une œuvre exclusivement chrétienne, et qui devait à ce titre mériter les sympathies de toute la chrétienté, sans exception des rites, s'est laissée abuser par je ne sais quels dangers imaginaires résultant de la prépondérance politique et des agrandissements territoriaux ambitionnés par la Russie; fantôme menaçant dressé par la malveillance pour effrayer les imaginations et dénaturer les véritables intentions de cette puissance, ET LE RÔLE PROVIDENTIEL QUE SES DESTINÉES L'APPELLENT A REMPLIR EN ORIENT. »

XIII

XIII

Il y aurait mauvaise foi à vouloir méconnaître que c'est là le véritable point de vue auquel il convient d'envisager le côté religieux de la question d'Orient. L'auteur de la brochure n'est pas moins heureux en posant la question politique sur son véritable terrain.

« On sait que les réformes de la Turquie

lui ont été imposées par ses désastres successifs, par la rébellion permanente des pachas et des janissaires : au point où en étaient les choses, il n'y avait plus d'autre salut possible. Aussi ces réformes furent-elles entreprises avec audace et succès sous le coup d'un désastre nouveau de la révolution grecque. Mais *l'abaissement de l'orgueil ottoman vis à vis de l'Europe avait été l'œuvre de la Russie.* L'Occident nous applaudissait lorsque l'héroïsme de nos armées et des torrents de sang russe rendaient l'Osmanli plus traitable, lorsque nous allions, non pas solliciter des capitulations, mais imposer nos glorieux traités pour ouvrir au commerce des nations tout un monde nouveau qui avait attiré le génie commercial de la Grèce, dès l'époque de l'antiquité fabuleuse, et que les conquérants ottomans avaient soigneusement fermé pour n'y faire d'autre trafic que celui de la chair humaine. Dévastés par les incursions des Tatars qui, à leur tour, peuplaient leurs harems de la Crimée au moyen de troupeaux d'esclaves, après chacune de leurs excursions en Pologne, en Russie et en Hongrie, ces provinces sont devenues entre nos mains le principal grenier de l'Occident et de la capitale même des sultans. Le *Times*, ce grand avocat du génie mercantile, en conjurant les dangers imaginaires qui menacent les principautés et en prêchant la croisade pour soustraire le Danube à la domination russe, calcule le nombre de cargaisons de céréales que l'Angleterre tire tous les ans de ce fleuve, qu'il nous accuse de vouloir fermer. Mais il oublie de dire à qui est due l'ouverture du Danube, inconnu dans le commerce avant 1829. Quel autre des grands états européens peut se vanter d'avoir rendu des services plus signalés à la cause commune de la civilisation, soit en ouvrant de plus vastes champs au commerce et à l'agriculture, soit en domptant les élans sauvages d'une nation aussi redoutable qu'elle était ennemie de tout progrès, de toute idée libérale et généreuse ? *Ce fut l'œuvre séculaire et providentielle de la Russie, et nos conquêtes morales et matérielles en Orient sont, sans contredit, le plus beau fleuron de la couronne impériale.* On s'est ému en 1829 de nos progrès. On a craint pour Constantinople. C'est là cependant, presque sous les murs de la capitale, qui allait se livrer sans défense à nos aigles, que la Russie a dicté au sultan une paix généreuse; le reconnaissance de l'indépendance du nouvel Etat grec, que ni le traité de Londres, ni la leçon de Navarin, ni l'expédition française de la Morée, n'avaient pu imposer à l'obstination du sultan; l'organisation actuelle des principautés danubiennes et l'ouverture du fleuve qui a créé une ère nouvelle de prospérité pour les pays riverains, depuis la Bavière jusqu'au bord de la Mer Noire : une indemnité pour les marchandises confisquées à nos nationaux, durant tout l'intervalle de la paix, et une indemnité de guerre, qui était loin sans doute d'en couvrir les frais, mais qui était en rapport avec les ressources financières du vaincu : et enfin la renonciation du sultan à son droit de souveraineté sur les montagnards du Caucase, droit qui se réduisait en réalité au commerce des esclaves et à la propagande du brigandage caucasien sur nos frontières. Le seul art. 8 du traité d'Andrinople, relatif aux immunités du commerce russe, aurait pu susciter dans son exécution des embarras à l'administration intérieure de la Porte. On a vu, depuis, la modération de la Russie à ce sujet et son abstention en faveur des droits de souveraineté du sultan, modération poussée jusqu'à signer en 1844 le nouveau traité de commerce, qui le premier accorde au gouvernement turc le droit inhérent à son Etat indépendant, de faire chez lui la police du commerce pour rendre efficace et exécutable le droit de patente. Ni la France, ni l'Angleterre, ces chaleureux champions des droits souverains du sultan, n'ont encore accédé aux sollicitations de la Porte à ce sujet. L'opinion publique de l'Occident, étonnée de notre modération à la paix d'Andrinople, se refusait longtemps après à croire à l'exécution de ce traité de notre part, à l'évacuation successive des forteresses, à la retraite de nos armées des principautés du Danube. L'empereur cependant concédait plus tard à la sollicitation du sultan le quart de l'indemnité de guerre, et bientôt après il sauvait l'empire ottoman d'un danger imminent de dissolution, et préservait tout l'Orient d'une série de bouleversements, dont personne n'était plus à même de profiter que la Russie, si la Russie eût convoité de nouvelles conquêtes, ou une activité nouvelle en Orient. »

« Le règne du sultan actuel a été inauguré par un acte public dont on a beaucoup parlé dans le temps, et dont les conséquences, assez problématiques d'abord, ont cependant précisé la valeur et la portée. L'opinion publique en Occident, émue de la solennité des formes et de l'appareil avec lequel un souverain et tous les membres de son gouvernement prêtèrent serment d'observer la loi, de réprimer les abus du passé et d'accorder aux populations le bienfait de l'égalité devant la loi, crut à l'accomplissement d'une grande et heureuse réforme, au commencement d'une ère nouvelle en Orient. Des publicistes, frappés par les dehors d'une cérémonie imposante, crurent voir dans l'acte de Gulhané un pacte constitutionnel entre le souverain et la nation. On perdait entièrement de vue dans ces analogies erronées, dans ces fausses applications des termes mêmes de l'Orient, qu'en Turquie il y a bien un souverain descendant des premiers conquérants et de quelques apostats; il y a des races conquises qui gardent le dépôt de la foi et grandissent dans l'abjection et dans la haine de leurs maîtres, mais certes il n'y a pas de nation. *Tous ceux qui connaissent les hommes et les choses de l'Orient ne purent voir dans l'acte de Gulhané qu'un aveu public et solennel de la faiblesse de la part du gouvernement vis à vis des peuples conquis, d'impuissance à l'égard même de la race dominante, et qu'un complot des ministres et des grands dignitaires, qui profitaient de la jeunesse et de l'inexpérience du nouveau sultan pour se soustraire à l'arbitraire du chef de l'État, maître absolu jusqu'alors, d'après les principes dominants de la législation mulsumane, de la vie et de la fortune de ses serviteurs.*

« Un pacha, un ministre, un régisseur des impôts, sous l'ancien système, pouvait pressurer ses administrés, s'engraisser à leurs dépens et voler le trésor ; mais à son tour il devait rendre gorge, et le produit de ses rapines, un jour ou l'autre, au plus tard à sa mort, car le sultan était de droit l'héritier de tout employé de l'Etat, allait grossir le trésor du sultan, qui était en même temps celui de l'Etat.

« Les résultats palpables et certains de ce qu'on a appelé alors l'acte de Gulhané le *Tanzimat-haïrié*, ou plus pompeusement encore la Charte de l'Empire ottoman, ont pleinement justifié cette théorie. Pourquoi à l'heure qu'il est, et après quatorze années d'une fructueuse et si peu efficace application de ces magnifiques promesses, le raya d'un bout de l'Empire à l'autre soupire-t-il après les dernières années du règne de Mahmoud, seule ère pour lui de tolérance et de prospérité pratique? On ne proclamait rien cependant à cette époque, on ne promettait rien ; mais le génie administratif du souverain, libre lui-même à l'égard de son administration, suffisait à la tâche, et la vraie tâche du souverain en Turquie est de défendre le raya contre les vices de l'administration et le despotisme de la race conquérante. Pourquoi, d'autre part, les Turcs eux-mêmes, depuis le pacha jusqu'au porte-faix, déplorent-ils aujourd'hui l'avilissement de l'État, et déplorent-ils l'époque de Mahmoud comme l'apogée de la gloire et de la puissance musulmane? On sait cependant que Mahmoud avait été deux fois vaincus par les Russes, en 1812 et 1828; qu'une poignée de rayas rebelles, les hellènes, avaient secoué le joug; que sa flotte avait été détruite à Navarin ; qu'un pacha rebelle, après lui avoir arraché une vaste province, s'était avancé victorieux et détruisant les armées de son souverain jusqu'aux abords de la capitale, et qu'il n'en fut chassé que par les armes des ghiaours. Le règne d'Abdoul-Medjid est comparativement une époque de réparation ; cependant, loin d'alimenter l'orgueil et la peur, ces deux puissants ressorts de la grandeur ottomane, loin d'inspirer sympathie et sécurité, il ne produit qu'une prostration générale, un découragement fatal et des malédictions universelles de la part des administrateurs et des administrés contre le *Tanzimat* et contre ces beaux principes de Gulhané, restés lettre morte partout ailleurs que dans l'essence même du pouvoir qu'ils ont paralysé, en accordant de fait le privilége de l'impunité à tous les abus de ses agents. *Ce grand principe de l'égalité des sujets devant la loi, qui figure si bien sur le papier, comment l'appliquerait-il en présence de la loi en vigueur qui n'admet pas le témoignage et le serment du plus respectable chrétien, en présence d'une simple assertion du plus misé-*

rable et du plus dépravé d'entre les musulmans ? Pense-t-on à tout ce que cette loi entraîne avec elle, aux haines qu'elle amasse, aux spoliations et aux ruines qui en sont la conséquence ? »

A la suite de cette appréciation remarquable, écrite évidemment en connaissance de cause, l'auteur passe en revue l'état des finances turques, les malversations des fonctionnaires turcs. Nous recommandons fortement ce qu'il en dit aux méditations du *Pays* et du *Siècle*, si préoccupés de la fondation d'un crédit turc, de la négociation d'emprunts turcs.

XIV

XIV

La seule réponse sérieuse que l'on ait faite à la brochure dont nous venons d'extraire les passages fondamentaux, se trouve dans le dernier opuscule de M. de Girardin : « *Solutions de la question d'Orient* (1). » Malheureusement aux assertions de l'auteur de la « *Lettre*

(1) In-8, Paris, librairie nouvelle, novembre 1853.

sur l'état de la Turquie, » M. de Girardin se contente d'opposer d'autres assertions dont la plupart portent un cachet évident d'exagération pour ne pas dire de mauvaise foi. M. de Girardin va jusqu'à citer les fables débitées dans les feuilles quotidiennes, et entre autres (p. 24) cette lettre de Bucharest qui rapporte l'exécution de plusieurs soldats polonais pour avoir refusé de marcher à la défense de la foi forthodoxe !

M. de Girardin se donne un mal infini pour chercher une solution à la question d'Orient à travers le dédale construit par la diplomatie. Il groupe en tête de ses paragraphes les opinions de tous les hommes publics de valeur sur la question d'Orient, puis au beau milieu de son travail il s'écrie : Que faut-il penser de ces étranges revirements et de ces inqualifiables contradictions? — Ce qu'il faut en penser, répond-il, c'est que la diplomatie, naviguant sans boussole, erre au gré des événements. Elle n'a pas de principe et elle n'a plus de politique.

On comprend aisément que tous les paragraphes consacrés par M. de Girardin à l'historique de la question d'Orient ne sont que des hors-d'œuvre, des intermèdes pour arriver à sa conclusion à lui.

Le passage le plus curieux de son livre se trouve dans les quatre dernières lignes :

« Finalement, la solution que je propose se résume en ceci :

« Elever la question d'Orient pour la simplifier; la simplifier pour la résoudre. »

Personne plus que nous ne saurait être de l'avis de M. de Girardin, qu'il faut élever la question d'Orient pour la simplifier, et la simplifier pour la résoudre, et la preuve c'est que notre travail actuel n'a d'autre but; mais la brochure de M. de Girardin l'atteint-elle ?

Faute de pouvoir être le médecin de la France M. de Girardin veut l'être de la Turquie, ou d'ailleurs ; car, semblable au médecin de Molière, « il ne lui importe ; il lui faut un malade et il prendra qui il pourra. » Et effectivement la cure qu'il propose ressemble fort à ce traitement violent que l'on veut faire subir à M. de Pourceaugnac.

M. de Girardin ne veut pas seulement que les puissances dictent la loi à la Turquie (p. 81), mais encore qu'elles lui imposent *son* opinion, *sa* solution.

Que le gouvernement, s'écrie-t-il, ne soit plus en Russie que ce qu'il doit être, que ce qu'il sera partout en Europe dans un avenir rapproché. — *Une assurance contre des risques spécifiés.*

M. de Girardin, qui prétend élever la question pour la simplifier et la résoudre, dit :

« Avec des voies de communication et du

bon papier de circulation, ce à quoi le Koran ne fait nul obstacle, la Turquie changerait de face et d'esprit. L'intolérance religieuse ne tient pas longtemps contre l'activité commerciale. Partout où apparaît celle-ci, disparaît celle-là. *Fidèles* et *schismatiques* sont deux mots de l'ancien vocabulaire qui ne tardent pas à céder la place à ces deux mots du vocabulaire moderne : *créditeurs* et *débiteurs*. Il n'y a pas de foi qui ne s'adoucisse au contact du crédit. »

L'histoire de la Hollande déchirée par des querelles religieuses alors qu'elle avait et des voies de communication et du bon papier de circulation joint à une activité commerciale sans rivale ; l'exemple contemporain des États-Unis où les sectes fourmillent et où l'opinion religieuse domine fort heureusement la question du débit et du crédit, seraient là pour prouver combien M. de Girardin est peu dans le vrai ; mais est-ce là élever cette grande question d'Orient que de la réduire aux proportions d'une question de débiteurs et de créditeurs ? Nous ne le pensons pas. La civilisation religieuse, la civilisation chrétienne, doivent précéder en Orient le développement matériel ; vouloir chercher une solution à la question sur un autre terrain, c'est méconnaître la loi de développement de l'humanité.

« Assurément, dit encore M. de Girardin, en matière d'institutions politiques, la Turquie est en retard sur l'Angleterre et sur la France; mais qu'importe également ce retard, si elle en doit également profiter pour atteindre d'un seul bond et tout de suite le but auquel ces deux pays ne sont arrivés qu'au prix de plusieurs révolutions ?

« Y a-t-il lieu de regretter que la Turquie n'ait pas emprunté à l'Angleterre et à la France leur régime parlementaire, lorsqu'on voit ce régime détruit en France, menacé en Espagne et en Portugal, et sinon partout ébranlé, partout énervé, même en Angleterre?

« Le régime despotique, c'est la volonté d'un seul qui fait la loi et qui décrète l'impôt.

« Sous le régime numérique, c'est le vote de la majorité qui détermine l'impôt et fait la loi.

« Sous le régime économique, l'impôt s'établit de lui-même par sa nécessité démontrée, par son équité rigoureuse, et la loi n'est plus que l'exacte application du principe de réciprocité enseigné dans toutes les écoles, gravé dans toutes les mémoires, vérifié par toutes les intelligences. L'éducation populaire prend la place de la réglementation arbitraire.

« La Turquie peut passer du régime despotique au régime économique sans s'arrêter au régime numérique ou parlementaire; ce sera pour elle tout avantage : temps gagné et périls évités. »

Voilà une solution économique pour la question d'Orient ; on le voit, M. de Girardin n'est pas en peine de solutions, et la seule à laquelle il ne s'arrête pas, la religieuse, est en même temps la plus probable et celle dont les résultats nous paraissent devoir être les plus féconds. Et pourquoi en chercherions-nous une autre à cette question d'Orient, lorsque, au milieu de l'anarchie politique et sociale où nous vivons, une solution religieuse des questions qui nous agitent est la seule à laquelle l'homme raisonnable puisse s'arrêter lorsqu'il en cherche une aux complications innombrables qui obscurcissent l'horizon politique et social de l'Occident !

XV

XV

Dans le *Mémorial de Sainte-Hélène* l'empereur Napoléon a dit :

« J'ai pu partager l'Empire turc avec la Russie ; il en a été plus d'une fois question entre nous : Constantinople l'a toujours sauvé. Cette capitale était le grand embarras, la vraie pierre d'achoppement. La Russie la voulait, je ne devais pas l'accorder : c'est une clef trop précieuse; elle vaut à elle seule un empire : celui qui la possédera peut gouverner le monde. »

M. O'Méara (*Napoléon en exil ou l'Echo de Sainte-Hélène*) rapporte comme prononcées par l'Empereur les paroles suivantes :

« Dans quelques années, la Russie aura Constantinople, la plus grande partie de la Turquie et toute la Grèce. *Cela me paraît aussi certain que si la chose eût déjà eu lieu.* Presque toutes les cajoleries d'Alexandre à mon égard avaient pour but de me faire consentir à effectuer ce projet. Je m'y opposai, prévoyant que l'équilibre de l'Europe serait détruit. *D'après le cours naturel des choses*, dans quelques années la Turquie tombera au pouvoir de la Russie. LA PLUS GRANDE PARTIE DE SA POPULATION EST GRECQUE, ET L'ON PEUT DIRE QUE LES GRECS SONT RUSSES. »

A Dieu ne plaise que nous voulions amoindrir la portée des paroles de l'Empereur. Non seulement nous croyons *qu'il voyait dans l'a-venir plus loin que les autres*, comme il le dit lui-même, mais jamais un homme n'a porté sur l'état de l'Europe et sur son avenir un jugement plus droit que le sien, et ce qu'il dit des destinées de la Russie en fait évidemment foi. Mais nous n'en sommes pas moins convaincus que Napoléon eût apprécié différemment les dangers dont l'agrandissement de la Russie pouvait un jour dans sa pensée menacer l'Europe, s'il avait connu le développement de la vapeur et nos chemins de fer. Le grand homme n'eût pas non plus méconnu le rôle de la Russie en présence de l'anarchie sociale dont nous sommes menacés, et il eût vu dans une alliance entre la France et la Russie un gage de salut pour la société.

L'Empereur l'a dit : D'APRÈS LE COURS NATUREL DES CHOSES, *dans quelques années la Turquie tombera au pouvoir de la Russie.*

Ces paroles prophétiques devraient servir de point de départ à tous les hommes d'Etat qui s'occupent d'une solution de la question d'Orient.

Ce *cours naturel des choses* que nous a-t-il déjà amené? M. de Berryer nous le dira (1) : « Maintenir la stabilité et l'indépendance de l'empire ottoman! Mais il y a quinze ans que je l'entends dire ; mais la France et l'Angleterre n'ont pas tenu un autre langage ; mais tous les actes diplomatiques, tous les traités ont sans cesse renfermé des articles stipulant qu'il s'agissait, pour les nobles Etats contractants, de maintenir et de garantir la stabilité et l'indépendance de l'Empire ottoman, d'empêcher qu'aucune puissance ne tirât des conséquences du traité, des moyens d'influence particulière. Et qu'en est-il résulté? C'est que de chacune des négociations diplomatiques, c'est que de

(1) Discours à la Chambre des Députés 2 juillet 1832.

chacun des traités, il est résulté un affaiblissement, un démembrement de l'Empire ottoman; et avec ces garanties données solennellement depuis quinze ans, au nom des cabinets qui sont dans la politique de conservation, qui consiste à faire de la Turquie une barrière contre l'Orient, on n'a pas fait autre chose que de consacrer, de cimenter les actes successifs qui ont décomposé, demantelé, affaibli et conduit presque à la mort l'Empire ottoman. »

Ces paroles, qui n'ont rien perdu de leur vérité d'alors, que démontrent-elles, sinon que toute opposition *au cours naturel des choses* est vaine, et que les événements nécessaires de l'histoire des peuples vous débordent si vous ne cherchez pas à leur creuser un lit.

L'alliance franco-anglaise pourra entraver par des sacrifices incalculables *les destinées* de la Russie, mais jamais en arrêter le cours.

Nous sommes du reste bien aveugles sur tout

ce qui concerne le besoin d'expansion, légitime après tout, de la Russie, aussi légitime que le besoin d'expansion qui nous ferait étendre *sérieusement* notre conquête africaine. Tandis que nous sommes parfaitement indifférents à l'endroit du développement des Etats-Unis aux éléments démagogiques dissolvants, nous craignons le moindre empiètement, comme nous l'appelons, d'une puissance dont les intérêts sont les nôtres, depuis son entrée dans le concert européen, et dont la force est une des garanties les plus indispensables à la conservation de la société.

Mais que parlons-nous d'indifférence à l'égard du développement de l'Amérique? Pendant que nous sommes ligués contre l'expansion russe avec l'Angleterre, cette dernière est à la veille d'étendre son empire dans l'Inde de quelques milliers de lieues carrées de plus!

Non, ce n'est pas la Russie qui menace l'équilibre du monde, c'est l'Angleterre, et ce serait nous suicider que d'épuiser dans une lutte stérile les ressources indispensables à ce développement qui nous mettront au pas avec le colosse britannique qui nous menace d'un danger réel, tandis que la Russie ne présente pour la France dans son développement, qu'un danger imaginaire.

Nous avons tout intérêt à nous entendre avec la Russie sur la possession de la Méditerranée. L'Angleterre n'est-elle pas à Gibraltar, à Malte, à Corfou, à Alexandrie? Et nous l'aiderions à tenir en échec à Constantinople une alliée naturelle?

XVI

XVI

Hâtons-nous de le dire, car nous craignons qu'on ne se méprenne sur nos intentions. Nous ne concluons pas à l'abandon de Constantinople à la Russie. Ce que nous voulons avant tout constater, c'est que la question d'Orient est une question franco-russe et non pas anglo-française ; et, à ce point de vue, nous ne considérerions pas comme impossible ni même comme improbable la création d'un empire grec issue d'une alliance dynastique entre les familles illustres des Romanow et des Bonaparte, et basée sur la conscience d'intérêts communs dont les deux nations française et russe ne tarderaient pas de se pénétrer ; mais, encore une fois c'est là une question réservée. Le premier point, c'est que la France apprécie la fausseté de sa position comme alliée de l'Angleterre, qu'elle reconnaisse à la Russie son rôle comme cette dernière apprécie le sien, et que les deux puissances concourent dans un intérêt commun vers un même but : l'équilibre du monde et le salut de la société.

Nous sommes injustes envers la Russie comme nous l'avons été longtemps envers l'Allemagne, dont nous n'avons appris que fort récemment à reconnaître les qualités.

L'auteur allemand, dont nous avons cité plus haut les tristes révélations, le néo-hégelien

Ewerbeck, parlant de l'apparition des Allemands sur la scène de l'histoire dit (1) :

« Les Allemands étaient, pour ainsi dire, un peuple jeune et récent, quand ils firent enfin leur apparition sur la grande scène de l'Europe, pour participer au *développement universel*. Ils crurent nécessaire, dans le début de leur carrière nouvelle, de copier tant bien que mal l'exemple des Romains leurs prédécesseurs. Sept siècles, remplis sans relâche de travaux gigantesques, avaient donné à ceux-ci une grandeur vraiment inexplicable, et le nom de Romain était devenu presque l'égal de celui des dieux. »

Substituons le nom de Russe à celui d'Allemand dans ce qui précède, et n'avons-nous pas en résumé l'histoire du peuple russe ? Or, de quel droit l'Allemagne et de quel droit nous-

---

(1) L'Allemagne et les Allemands, p. 34.

mêmes, car notre histoire est celle d'Allemagne, contesterions-nous à la Russie sa place légitime, celle qui lui est assignée par la Providence même?

XVII

XVII

La démagogie, comprenant fort bien que la Russie est le boulevart de la société, la démagogie a été on ne peut plus active à propager sur la Russie les données les plus absurdes. Elle a prétendu que le colosse du Nord nous menaçait d'une nouvelle invasion des Barbares.

En analysant la situation avec impartialité, on est tout étonné de découvrir que c'est la Russie seule qui peut nous préserver d'une pareille invasion.

Pour le comprendre, il importe avant tout de nous rappeler l'invasion de l'empire romain par les Barbares. Laissons encore à l'Allemand Ewerbeck (1) le soin de nous en retracer le tableau.

« Nous allons enfin assister au terrible déluge de Barbares dont nous n'avons vu jusqu'ici que le prélude. Les peuplades germaniques vont se lancer les unes sur les autres, comme les flots de l'Océan qui, venant sans relâche battre avec un bruit sinistre le pied des rochers, finissent par ébranler la gigantesque masse. Les barbares allemands vont enfin entamer ces fortifications immenses, élevées par tant de géné-

---

(1) L'Allemagne et les Allemands, p. 41.

raux et d'empereurs, sur les bords du Rhin et le Danube pour protéger l'empire : le monde romain, sapé depuis longtemps, sera mis en brèche et renversé de tous côtés. »

« *La secousse principale partira du fond de l'extrême Orient.* »

« LES ARMÉES DE LA CHINE VENAIENT DE REPOUSSER VICTORIEUSEMENT LES TRIBUS MONGOLES QUI, APRÈS LA CHUTE DE LA DYNASTIE IMPÉRIALE, MENAÇAIENT CHAQUE JOUR L'INDÉPENDANCE DE L'EMPIRE. Alors ces barbares de l'Asie centrale se rejettent avec violence sur les nations occidentales, en commençant par la confédération des Goths, aux bords de la mer Noire, qui était partagée en Visigoths (c'est-à-dire ceux de l'ouest), et en Ostrogoths (c'est-à-dire ceux de l'est).

« Les Huns, composés d'un grand nombre de tribus et de nomades quittant leurs immenses déserts, la Sibérie et la Tartarie, livreront assaut à l'Europe. L'heure décisive vient de sonner.

« Les Goths de l'est, exposés au premier choc, ne sont point secourus par leurs frères les Goths de l'ouest. Les uns comme les autres sont expulsés par les Huns après quelques batailles sanglantes; une petite partie des Goths s'allie au roi vainqueur, qui épouse la veuve du chef Goth. Mais la majorité des Goths, qui était chrétienne, marche vers l'ouest pour se mettre en sûreté dans l'empire chrétien. »

Si nous portons maintenant les regards sur ce qui se passe en Chine; si nous envisageons d'autre part l'état des Indes anglaises, où un peuple civilisé mais égoïste ne se préoccupe que de régner en maître absolu, sans s'inquiéter soit de la propagation du christianisme, soit de la civilisation, ne voit-on pas que c'est de là que partirait une nouvelle invasion de barbares si la Russie n'opposait pas une barrière à ce fleuve auquel elle creuserait un lit en assumant la mission de civiliser l'Orient?

Qui nous dit que les Russes ne seraient pas quelque jour, peut-être prochain, « les Goths de l'Est exposés au premier choc, qui ne seraient point secourus par leurs frères les Goths de l'Ouest? » Et ces Goths de l'Ouest ne les représentons-nous pas? Nous qui non seulement ne secourerions pas les Russes contre une invasion « partie de l'extrême orient, » mais qui voulons l'entraver dans ses efforts pour opposer une barrière à cette barbarie qui nous menace, et sur les entreprises de laquelle nous fermons si légèrement les yeux.

La Russie comprend si bien son rôle sous ce rapport, que nous la voyons depuis longtemps se tenir à l'écart des affaires de l'Europe, nous l'avons dit, pour tourner les yeux vers l'Asie, et nul doute que le czar voit avec joie la France revenir à des idées de discipline qui lui permettent de se tranquilliser sur le sort à venir de l'Europe, et à vouer toute son attention à la mission orientale à laquelle sa dynastie semble évidemment appelée par la Providence.

XVIII

XVIII

Ce ne sont pas les démagogues seulement qui calomnient la Russie. Il est des partis naufragés qui tournent les yeux vers Saint-Pétersbourg comme vers un asile assuré, et un protecteur fidèle de toutes les prétentions surannées, de tous les systèmes caducs, de toutes les théories usées, et cela malgré les démentis que l'histoire des vingt-trois dernières années leur donne sous ce rapport.

Ainsi, on voudrait nous faire croire que la fusion a été tenue sur les fonts baptismaux par la Russie, et les journaux de la fusion prennent des allures d'entente cordiale, pour eux et leurs patrons, avec le cabinet de Saint-Pétersbourg.

Nous n'avons sûrement pas la prétention de connaître les intentions du czar, mais si nous jugeons ce prince d'après ses antécédents, nous ne pensons pas que ses sympathies soient acquises à des cadavres qu'on tenterait vainement de galvaniser.

Le czar sait fort bien que le retour à l'ordre en France n'est pas nécessairement subordonné au retour des Bourbons reconciliés avec la branche cadette. Il connaît mieux que personne la faiblesse, l'impuissance, de partis qui placent les grands intérêts de l'ordre et de la civilisation au-dessous des leurs propres, et il ne s'est montré que très médiocrement touché des hommages intéressés qu'on lui rendait.

Combien serait-il naturel par contre qu'il envisageât avec une vive sympathie l'avénement d'un homme dont la haute intelligence serait capable de concevoir, dont l'activité suivie serait capable de réaliser de vastes projets! Non, le czar n'ignore pas l'état de prostration des dynasties européennes, et il se féliciterait sûremet de mettre un peu d'ordre dans cette machine universelle déjà si fortement compromise en unissant ses efforts à ceux d'un homme que n'intimident ni clameurs, ni menaces, et qui a prouvé qu'il comprend les intérêts de la société et de la civilisation.

XIX

XIX

Quel rôle immense n'assurerait pas à l'empire français une alliance russe ! Sans fermer le *Mémorial de Sainte-Hélène*, sans déchirer une seule de ses pages, Napoléon III, envisageant la question de l'Orient du point de vue nouveau que lui assignent les chemins de fer et les navires à vapeur, s'allierait pour la résoudre, à la seule puissance qui y apporte les mêmes intérêts que la France.

Dictant au monde des conditions honorables de paix, la Russie et la France chercheraient ailleurs que dans une guerre aussi désastreuse qu'inutile, un champ digne de leur activité. A l'une l'Asie, avec ses peuplades barbares à civiliser, avec la rivalité de l'Angleterre à contenir dans de justes limites. A l'autre, la terre africaine, héritage magnifique de l'empire romain. L'anarchie à vaincre ou à contenir par l'autorité de l'exemple ou par une crainte salutaire dans tout le Midi de l'Europe, l'Allemagne à préserver d'une dissolution imminente, voilà assurément deux rôles qui valent bien quelques sages concessions d'une part, et de l'autre l'abandon d'une alliance hypocrite.

Byzance chrétienne sortant de sa cendre régénérée comme le phénix, reverrait la croix triomphante au sommet de Sainte-Sophie, sous l'égide de l'aigle française unie à l'aigle russe. Byzance ouvrirait son port à toutes les nations de l'univers, malgré la jalouse Angleterre, qui voudrait associer la France au rôle de geôlier qu'elle persiste à jouer à l'égard des nations qui lui portent ombrage, et qui sème le trouble et l'anarchie partout où elle ne peut dominer par la force brutale.

A Dieu ne plaise que nous émettions autre chose que des vœux, lorsqu'il s'agit d'une solution de la question d'Orient; mais de quelque côté qu'on l'envisage, il nous paraît impossible d'arriver à rien de durable en dehors d'une alliance, ou du moins d'une entente cordiale franco-russe.

En dehors d'une pareille alliance, nous ne rencontrerons que des replâtrages dangereux ou des extrêmes qui aboutiront infailliblement à une guerre générale, dans laquelle les nationalités déchaînées offriront à la démagogie l'occasion de réaliser des idées au bout de laquelle se trouvera une barbarie cent fois plus redoutable que celle dont nous menacent les apôtres de la démagogie : une invasion russe. Fantôme, nous l'avons vu, au moyen duquel on a réussi à effrayer les hommes les mieux intentionnés et les plus clairvoyants.

FIN

www.ingramcontent.com/pod-product-compliance
Lightning Source LLC
Chambersburg PA
CBHW052054090426
42739CB00010B/2171